JOSÉ ANTONIO PAGOLA

PASTORAL  RENOVADA

DIOS AMIGO

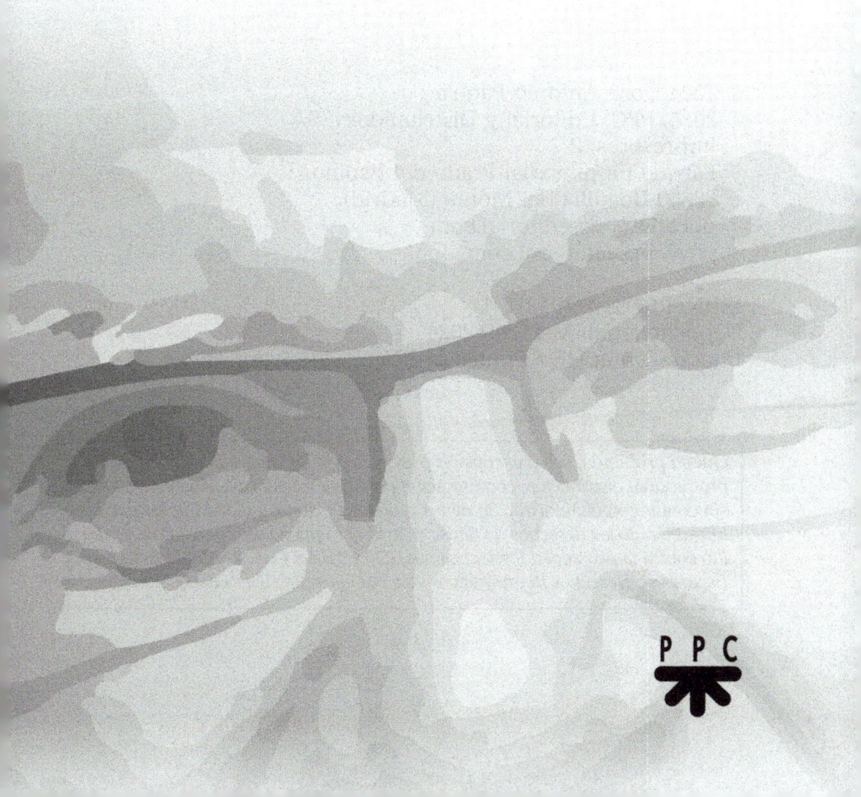

PPC

© 2024, José Antonio Pagola
© 2024, PPC, Editorial y Distribuidora, SA
    Impresores, 2
    Parque Empresarial Prado del Espino
    28660 Boadilla del Monte (Madrid)
    ppcedit@ppc-editorial.com
    www.ppc-editorial.com

ISBN: 978-84-288-4218-1
Depósito legal: M-21249-2024
Impreso en la UE / *Printed in EU*

INTRODUCCIÓN[1]
"A vosotros os llamo amigos"

"A vosotros os llamo amigos, porque todo lo que oí de mi Padre os lo he comunicado." (Jn 15,15)

Estas palabras de Jesús, demasiado olvidadas, encierran, sin embargo, la clave más iluminadora para entender y vivir la relación con el Dios revelado en Jesucristo. Podemos decir que la amistad con Cristo es, de alguna manera, el núcleo de la vida cristiana y la fuente de toda espiritualidad de seguimiento a Cristo.

El punto de arranque de mi reflexión va a ser la amistad que inspira e impulsa toda la actuación de Jesús (capítulo 1).

Veremos después que esa amistad de Jesús no es sino encarnación del cariño y la amistad de Dios hacia sus criaturas (capítulo 2).

A partir de este dato fundamental, podremos describir la espiritualidad cristiana en clave de

---

[1] Ponencias pronunciadas en el XIII encuentro de Pastoral orante celebrado en Burgos, del 24 al 29 de julio de 1997.

amistad (capítulo 3) y entender la oración como "trato de amistad" con Dios (capítulo 4).

Terminaremos mostrando que la exigencia más dichosa de esta amistad con Dios, vivida en el fondo del corazón, es ser testigos de la bondad de Dios en este mundo nuestro donde tanto se sufre por falta de amor (capítulo 5).

1

La amistad de Jesús

Toda la actuación de Jesús está marcada por el signo de la amistad. Todo viene inspirado, guiado y unificado por su actitud amistosa hacia las gentes. Este es el dato fundamental del que ha de partir nuestra reflexión.

1. El Profeta amigo

La amistad es una forma de amor que se caracteriza, sobre todo, por la atención afectuosa al amigo, la búsqueda de comunión y la entrega personal a promover el bien de la persona amada.

No es difícil encontrar en Jesús los rasgos propios de ese "amor de amistad". Su presencia entre las gentes, su actuación, su acogida a todos, están dirigidos por su amor y su entrega amistosa. No es el interés lo que mueve su vida. No actúa por miedo, desconfianza o resentimiento. Su relación con las personas no está oscurecida por la sed de dominio o la manipulación. El actuar de Jesús es amor. Veamos algunos rasgos.[2]

La atención a la persona concreta

La atención a la persona concreta es el primer gesto de quien vive ofreciendo amistad. Esa mirada confiada y acogedora a cada ser humano, tan diferente de la de quien vive esclavo del egoísmo, la indiferencia o la prisa.

Así trata Jesús al joven desconocido que se acerca a él buscando orientación:

"Fijando en él su mirada, le amó." (Mc 20,21)

A la mujer pecadora que llora a sus pies:

"Tus pecados te son perdonados... Tu fe te ha salvado. Vete en paz." (Lc 7,48.50)

A su discípulo Pedro:

"Fijando su mirada en él, le dijo: «Tu eres Simón, el hijo de Juan; tú te llamarás Cefas»." (Jn 1,42)

---

[2] Puede verse el estudio de C. MASSA, *Nel cuore del Figlio. I sentimenti di Cristo*, Edizioni Paoline, Roma 1982, 52-56.

El afecto emocionado hacia las personas

Encontramos también en Jesús el afecto incluso emocionado hacia las personas, que no es signo de debilidad sino revelación de un sentimiento hondo de amor y de amistad.

Así reacciona ante unos ciegos que le piden su curación:

"Jesús se conmovió, tocó sus ojos, y al momento recobraron la vista y le siguieron." (Mt 20,34)

Es conocida la escena de Betania; al acercarse a María, desconsolada por la muerte de su hermano Lázaro:

[Jesús] "viéndola llorar... se conmovió profundamente y se echó a llorar. Los judíos comentaban: «¡Mirad cuánto lo quería!»" (Jn 11,33-35)

El mismo afecto emocionado manifiesta Jesús ante la ciudad de Jerusalén:

"Al acercarse y ver la ciudad, se le saltaron las lágrimas por ella y dijo: «¡Si también tú comprendieras lo que conduce a la paz! Pero no, no tienes ojos para verlo»." (Lc 19,41)

Así es Jesús. Basta una palabra, una situación humana, un sufrimiento, para que brote su afecto lleno de ternura.

Amistad como benevolencia

Amistad significa también benevolencia, es decir, un afecto que quiere el bien de las personas y lo busca. Es este sentimiento el que mueve a Jesús.

"Al desembarcar, vio una gran multitud; se conmovió porque estaban como ovejas sin pastor, y se puso a enseñarles muchas cosas." (Mc 6,33)

Esta amistad se manifiesta de forma más entrañable con las personas por las que siente predilección especial; así sucede con esa familia que lo acoge cuando llega a la capital. El evangelista señala que

"Jesús quería a Marta, a su hermana y a Lázaro." (Jn 11,5)

Pero también con el discípulo que lo ha traicionado:

"El Señor se volvió y miró a Pedro, y recordó Pedro las palabras que le había dicho el Señor." (Lc 22,61)

Amistad como compasión

La amistad se convierte en compasión cuando las personas queridas sufren o se encuentran mal. El amigo se acerca al sufrimiento del otro, lo acoge, se identifica con su dolor y sus problemas, sufre, acompaña, ayuda.

Así reacciona Jesús:

"Llamó a sus discípulos y les dijo: «Siento compasión por esta gente, porque llevan ya tres días conmigo y no tienen qué comer»." (Mt 15,32)

En cierta ocasión

"se le acercó un leproso y le suplicó de rodillas: «Si quieres, puedes limpiarme». Conmovido, Jesús extendió la mano, lo tocó y dijo: «Quiero, queda limpio»." (Mc 1,40-41)

En Naím, al ver a una viuda llorando la muerte de su hijo único, Jesús se acerca.

"Al verla el Señor, se conmovió y le dijo: «No llores»." (Lc 7,13)

Amistad como entrega

Amistad significa entrega, donación al otro. El amigo sabe dar gratuitamente, regalar su tiempo, su compañía, sus fuerzas, su vida entera.

Los evangelistas describen a Jesús desviviéndose por los demás, entregando lo mejor de sí mismo a todos. No busca su éxito, su prestigio o bienestar. Es el amor lo que anima su vida entera:

"El Hijo del Hombre no ha venido a ser servido sino a servir y a dar su vida en rescate por todos." (Mc 10,45)

Su crucifixión no será sino la culminación de esa entrega.

"Habiendo amado a los suyos que estaban en el mundo, los amó hasta el extremo." (Jn 13,1)

2. Amigo de sus discípulos

Jesús ofrece su amistad **a todos**, incluso a aquellos que son excluidos de la convivencia social y de la comunión religiosa (publicanos, prostitutas). Jesús se acerca a ellos, se sienta a su mesa, los acoge. La gente lo llama "amigo de publicanos y pecadores" (Mt 11,19 y Lc 7,34). Pero los evangelistas destacan la amistad particularmente honda y entrañable que Jesús vive y cultiva con sus discípulos.

Jesús **los reúne**, no en una escuela organizada según el estilo y el espíritu del rabinato judío, sino en "una comunidad de afecto".[3] Los

---

[3] Ver T. ÁLVAREZ, "Amistad", en *Diccionario de Espiritualidad, Herder,* Barcelona 1983, I, 105-107.

discípulos no son siervos del Maestro, sino amigos. Así los llama Jesus: "amigos míos" (Lc 12,4).

Esta amistad nace como fruto de una **elección** de Jesús. No son los discípulos los que se deciden por Jesús entre otros posibles rabinos, y piden entrar en su escuela. Es Jesús el que los elige y los invita a vivir su amistad.

> "No me habéis elegido vosotros a mí, sino que yo os he elegido a vosotros." (Jn 15,16)

Jesus los elige, no para ejercer una función, sino para **estar con él** y, luego, **poder anunciar** a todos la Buena Noticia de un Dios experimentado como Amigo, junto a él.[4]

> "Subió al monte y llamo a los que él quiso; y vinieron donde él. Entonces constituyó a Doce para que estuvieran con él y para enviarlos a predicar." (Mc 3,13-14)

La fe de los discípulos va creciendo en esta **convivencia amistosa** con Jesús. Están con él, comparten de cerca su vida, lo van conociendo cada vez mejor, se van contagiando de su espíritu, intuyen a través de su amistad el

---

[4] L. Boros, *Il Dio presente. Meditazioni teologiche*, Queriniana, Brescia 1968, 28-34.

misterio de un Dios Padre. Jesús les va revelando sus secretos más íntimos en una atmósfera de comunicación amistosa.

> "No os llamo ya siervos porque un siervo no conoce lo que hace su señor. A vosotros os vengo llamando amigos, porque todo lo que oí de mi Padre os lo he comunicado." (Jn 15,15)

De esta forma se establece entre Jesús y sus discípulos una comunión de afecto y amistad. Jesús llegará a decir:

> "El que os recibe a vosotros, me recibe a mí." (Mt 10,40)

> "El que os escucha a vosotros, a mí me escucha; y el que os rechaza a vosotros, me rechaza a mí." (Lc 10,16).

Incluso el discípulo traidor es llamado "amigo" hasta el final (Mt 26,50).

Jesús les muestra hasta qué extremo llega su amistad.

> "Nadie tiene mayor amor que el que da su vida por sus amigos." (Jn 15,13)

Su muerte será un don:

"Nadie me quita la vida; yo la doy voluntariamente." (Jn 10,18)

A través de su amistad, Jesús les revela el amor de Dios: "El Padre mismo os quiere" (Jn 16,27). De esta comunión de amistad con Jesús nace un **estilo nuevo de vida**, una exigencia nueva: vivir en el amor.

"Como el Padre me amó, yo también os he amado a vosotros; permaneced en mi amor. Si guardáis mis mandamientos, permaneceréis en mi amor... Este es mi mandamiento: que os queráis los unos a los otros como yo os he querido." (Jn 15,9-10.12)

2

Bajo el signo
de la amistad

Este Jesús, profeta amigo, sembrador de amistad, creador de comunión amistosa con sus discípulos, es encarnación del cariño y la amistad de Dios hacia todos. En Jesucristo, la relación entre Dios y los hombres queda definida y configurada por el amor. Este es el dato fundamental para captar el núcleo de la experiencia cristiana.

En virtud de Jesucristo, "el amor que Dios nos tiene ha sido derramado en nuestros corazones por el Espíritu Santo que nos ha sido dado" (Rom 5,5). Esta es la realidad más profunda de nuestro ser: nacemos, existimos, vivimos envueltos en la amistad de Dios. "Permanecer en Cristo" es permanecer en el amor, vivir en la esfera del amor de Dios.

Vamos a ahondar un poco más en esta amistad entre Dios y los hombres.

1. Dios es amor

En Cristo, amigo de todos, se nos revela que "Dios es amor" (1 Jn 4,8), que su realidad más profunda es amar gratuitamente, ser amigo. Así dice la Carta a Tito: En Cristo "se ha hecho visible la bondad de Dios y su amor a los hombres" (Tit 3,4). El término empleado es "philantropia" y expresa amistad hacia los hombres, benignidad, ternura, generosidad, amor bienhechor.[5] Cristo amigo es el rostro visible de un Dios que es *Agape*.

Es importante captar bien lo que esto significa pues puede transformar nuestra relación con Dios de manera decisiva. De Dios solo brota amistad, amor absolutamente gratuito, es decir, Dios nos ama buscando no su propio interés, su gloria o su honor, sino buscando solo nuestro bien y nuestra dicha. No busca contrapartidas. No ama al ser humano para obtener de él su reconocimiento o para que lo alabe y glorifique eternamente. Dios lo ama para que viva y sea feliz:

---

[5] Y. CONGAR, *Jésus-Christ*, Ed. du Cerf, París 1965, 23-40.

"En esto se manifestó el amor que Dios nos tiene: en que Dios envió al mundo a su Hijo único para que vivamos por medio de él." (1 Jn 4,9)

Por eso, hay que cuidar nuestro modo de hablar de "la gloria de Dios". Según la conocida expresión de san Ireneo, "gloria Dei, vivens homo"[6], la gloria de Dios consiste en que el hombre viva y alcance su plenitud. Dios se revela como Dios colmando al ser humano de vida. En eso consiste su gloria y su ser de Dios. Dios es Dios buscando la dicha y la plenitud del hombre.[7]

El descubrimiento de esta amistad insondable y gratuita de Dios nos ha de llevar a revisar a fondo formas falsas de entender la experiencia religiosa, que pueden desfigurar sustancialmente la realidad de Dios y nuestra relación con Él.

Son bastantes los que entienden la religión a partir de dos mundos de intereses:

- Por una parte, están los intereses de Dios. A él le interesa su gloria, es decir, que las personas crean en Él, que lo alaben y que

---

[6] *Adversus Haereses* IV, 20, 7.

[7] Puede verse una buena exposición del "agape" de Dios en A. Rizzi, *Dieu cherche l'homme. Refondre la spiritualité* (traducción del italiano), Ed. Centurion, París 1989, 43-59.

cumplan su voluntad divina. Esa es la esfera que le interesa a Dios: la oración, los ritos, los deberes religiosos. Ahí se siente Dios "a gusto", recibiendo honor y gloria.

- Por otra parte, están los intereses de los humanos, lo que a nosotros realmente nos interesa: vivir, trabajar, divertirnos. Esa es la esfera de nuestros intereses, donde nosotros nos afanamos por vivir lo mejor posible y ser felices.

Según esta visión, a Dios le interesa "lo suyo" y trata de poner al hombre a su servicio. Impone sus diez mandamientos (como podía haber impuesto otros o ninguno) y está atento a cómo le responden los hombres. Si le obedecen, los premia; en caso contrario, los castiga. Como Señor que es, también concede favores, a veces gratuitamente, a veces a cambio de algo, pero siempre buscando su gloria.

Los hombres, por su parte, buscan sus propios intereses y tratan de poner a Dios de su parte. Para esto serviría en definitiva la religión. Se le pide ayuda a Dios para que nos salgan bien las cosas; se le da gracias por determinados favores; incluso se le ofrecen sacrificios y se cumplen promesas para forzarlo a interesarse por nuestros asuntos.

¡Cómo se transforma todo cuando se descubre que Dios es Amor y solo Amor! A Dios lo único que le interesa somos nosotros. Nos crea solo por amor y buscando nuestro bien.[8] No hay que forzarlo a nada, ni convencerlo de nada. De él solo brota amor gratuito hacia el ser humano. Le interesa la vida, el trabajo, la libertad, la salud, la dicha de todos y de cada uno.

Por eso quiere también que cumplamos esas obligaciones morales que llevamos dentro del corazón por el mero hecho de ser humanos, porque ese cumplimiento es bueno para nosotros.

También por eso está siempre junto a nosotros luchando contra el mal. Ese Dios amigo no "envía" ni "permite" la desgracia. No está en la enfermedad sino en el enfermo. No está en el accidente sino con el accidentado. Está en aquello que contribuye ahora mismo al bien de cada hombre o mujer. El mal, la desgracia y el pecado

---

[8] Puede verse el excelente libro de A. TORRES QUEIRUGA, *Recuperar la creación. Por una religión humanizadora*, Sal Terrae, Santander 1996.

son inevitables en este mundo marcado por la finitud y por la libertad frágil del ser humano. Dios lo respeta todo, pero ahí, en medio de nosotros y en cada uno esta él, el Dios Amigo, impulsándolo todo hacia la salvación y la felicidad.

2. La respuesta al amor de Dios

La amistad tiende a despertar un dinamismo semejante en la persona amada. Se produce lo que la tradición llama "redamatio", el amor responsivo, la reacción amorosa, la comunión. Esta respuesta expresa el deseo más profundo del hombre[9] y su gratitud al verse amado de forma **increíble**. Esta "redamatio" es la que define y configura la verdadera relación con Dios.

Esta respuesta amorosa no es, por tanto, una virtud o una cualidad, sino lo único que enraíza al hombre en la verdad ante Dios. La relación con Dios queda distorsionada cuando viene inspirada por la búsqueda de ventajas, el miedo,

---

[9] De ahí que la expresión completa de san Ireneo (no siempre citada) diga así: "Gloria Dei, vivens homo; vita, autem, hominis, visio Dei".

la desconfianza o el resentimiento. Solo el amor establece la verdadera comunicación con Dios.

Por otra parte, este amor no es una conquista de nuestra voluntad, no es fruto de nuestros esfuerzos. Es un don. El amor "ha sido ya derramado en nuestros corazones" (Rom 5,5). Es el amor de Dios el que genera en nosotros esta respuesta amistosa. "Amor saca amor", según la gráfica expresión de santa Teresa.[10] Sabernos amados nos urge a amar.

Toda la vida cristiana consiste en "vivir en clave de amor amistoso, responsivo ante Dios y para Dios".[11] Por eso la fe, antes que aceptación intelectual de la revelación, es respuesta al amor y la amistad de Dios. Lo primordial no es creer verdades, sino creer en el amor gratuito de Dios y acogerlo como fundamento de mi existencia.[12]

La fe consiste en creerme amado por Dios, abandonarme a ese amor, entrar en esa corriente

---

[10] *Libro de la Vida*, 22, 14.

[11] M. HERRÁIZ, *La oración, historia de amistad*, Ed. de Espiritualidad, Madrid 1985, 59.

[12] Naturalmente, la fe tiene también una dimensión cognitiva, pues a partir del amor de Dios revelado en Cristo, el creyente tiene una visión de Dios, del hombre y del cosmos.

de amistad que fluye de él.[13] Entender y vivir mi vida entera y la de toda la humanidad como una **historia de amistad** con Dios. De ahí la importancia de captar bien lo que puede significar una espiritualidad vivida en clave de amistad.

---

[13] Es significativo el lenguaje bíblico que, para hablar de la fe, recurre a términos tales como "confiar", "abandonarse", "apoyarse".

3

Espiritualidad
en clave de amistad

Sin duda, es posible un encuentro con Dios desde la razón, la estética, la sensibilidad o el compromiso ético. Pero solo el amor fundamenta y orienta el caminar del ser humano hacia la comunión con el Dios revelado como Amor en Jesucristo.

Cuando ese amor es vivido desde la clave de la amistad, le da a la espiritualidad un tono particularmente entrañable y hondo. Veamos algunos aspectos de esta experiencia de amistad con Dios en la vida espiritual.

1. Sabernos amados

Lo primero es sabernos amados por Dios en Cristo. Jesucristo, Amigo entrañable, centro único de mi vida, me recuerda, me convence, me reafirma en mi condición de amado por Dios. Y esta es la verdad más profunda de mi existencia. Aunque en estos momentos no lo sienta, soy amado por Dios con amor insondable y eterno, soy precioso a sus ojos. Como dice H. J. M. Nouwen, ser amados "es el origen y la plenitud de la vida del Espíritu".[14] Dios nos ama y nos ama locamente.[15] Esa es la gran verdad. Y toda la vida espiritual consiste en vivir esa realidad del amor incondicional de Dios.

> "Es cierto que somos los amados, pero tenemos que convertirnos interiormente en amados. Es cierto que somos hijos de Dios, pero tenemos que llegar a serlo interiormente."[16]

En eso consiste la vida espiritual: en sabernos, sentirnos y pensarnos seres queridos por Dios.

Vivir experimentando esta realidad tiene un efecto sanador insospechado. Nuestro mundo está repleto de personas inseguras, llenas de miedo, que se infravaloran y se quieren poco a sí mismas. Hombres y mujeres que, bajo apariencias de arrogancia, viven sin consistencia

---

[14] H. J. M. Nouwen, "Tú eres mi amado", en *La vida espiritual en un mundo secular*, PPC, Madrid 1992, 27.

15 Recordar el precioso libro de P. Evdokimov, *El amor loco de Dios*, Narcea, Madrid 1990. El título viene sugerido por el "manikós eros" de los Padres.

[16] H. J. M. Nouwen, o. c., 28.

interior, con una duda radical sobre sí mismos. Personas insatisfechas que nunca encuentran descanso y que, en el fondo, no se sienten realmente bienvenidas a la existencia.

Para vivir y amar la propia vida de forma sana, el individuo necesita sentirse apreciado y querido; necesita sentirse amado incondicionalmente por alguien. Amado no por sus méritos o sus logros, sino sencillamente por lo que es. Lo que hoy enferma la vida de no pocas personas es, precisamente, la falta de esa experiencia básica. No se sienten amados. Les falta el estímulo y la fuerza más decisiva para crecer como personas.

La fe en el amor incondicional y gratuito de Dios ofrece al creyente una experiencia básica para la sanación. Esta experiencia puede formularse así:

> "Yo soy amado, no porque soy bueno, santo y sin pecado, sino porque Dios es bueno y me ama de manera incondicional y gratuita en Jesucristo. Me ama tal como soy, me ama antes de que cambie y sea mejor."

La fe en este amor incondicional de Dios ofrece una base privilegiada para crecer en autoestima sana. Quien cree en este amor gratuito de Dios posee una fuerza interior insospechada para aceptarse a sí mismo, no solo en sus aspectos positivos, sino también con sus sombras y aspectos negativos. Quien se sabe amado puede crecer y caminar.[17]

La experiencia de este amor de Dios da a la vida del creyente un tono celebrativo y eucarístico. Hemos sido creados por Dios solo por amor, vivimos envueltos por su ternura, guiados misteriosamente por su mano amiga,[18] toda nuestra vida es don, regalo que vamos recibiendo del Dios Amigo. Por eso, lo que mejor define la espiritualidad es la acción de gracias, la "redamatio", esa respuesta agradecida al gran Amigo que nos regala el vivir diario.

La vida del creyente se convierte así en "eucaristía" permanente al Padre por medio de Cristo:

"En todo, dad gracias a Dios, pues esto es lo que Dios, en Cristo Jesús, quiere de vosotros." (1 Tes 5,28)

---

[17] He desarrollado más todo esto en mi estudio *Es bueno creer,* San Pablo, Madrid 1996², 161-166.

[18] A. Torres Queiruga, o. c., 71-108.

"Cantad y entonad salmos en vuestro corazón al Señor dando gracias continuamente y por todo a Dios Padre, en nombre de nuestro Señor Jesucristo." (Ef 5,20)

2. La amistad con Cristo

Saberse amado lleva a vivir la adhesión a Cristo como una experiencia de amistad. Veamos qué significa esto.[19]

La amistad no se detiene en algún aspecto o cualidad del amigo, sino que **abraza a la totalidad de la persona querida**. Cuando una relación se establece en el plano de las cualidades del otro, podemos hablar de simpatía, admiración, veneración o sentimientos semejantes; puedo, por ejemplo, admirar la valentía de Jesús, dejarme impresionar por su libertad, sentirme seducido por su bondad. La amistad, por el contrario, busca el yo del amigo, su persona única. Amo a Cristo porque es él. No lo quiero por esto

---

[19] L. Boros, *Il Dio presente. Meditazioni teologiche*, Queriniana, Brescia 1968, 15-34; *El hombre y su Dios*, Paulinas y Verbo Divino, Estella 1972, 101-122.

o por lo otro. Lo quiero a él. Y sé que él me quiere bien.

La amistad, por otra parte, es siempre **donación**. Pero lo que ofrece el amigo no son cosas, tiempo, compañía, apoyo. Lo decisivo es que, a través de todo eso, ofrece su propio yo, se ofrece a sí mismo. La amistad crea así un espacio en el que los amigos se dan mutuamente. La amistad con Cristo es autodonación. El creyente se entrega, se da. Y en esa donación se purifica y crece. Se transforma.

El amigo se convierte, de alguna manera, en **parte constitutiva** de la persona que lo ama. "¡Qué bien que tú existas y estés conmigo!" Así siente el amigo. En la persona amiga se puede buscar compañía, refugio, orientación, apoyo en los momentos difíciles. Pero, en definitiva, lo que se busca es vivir con él y en él. Es la experiencia de san Pablo: "Ya no vivo yo, es Cristo quien vive en mí" (Gal 2,20); "para mí, la vida es Cristo" (Flp 1,21). Cristo es para el creyente, "espíritu vivificador" (1 Cor 15,45).

Por eso, la amistad hace **existir de forma nueva**. "Soy amado, luego existo". Saberse

amado confirma nuestro ser, nos recrea. Y sabernos amados por Cristo nos confirma para la vida
eterna. Nos libera de la soledad, del abandono
y del miedo a la destrucción.

"¿Quién nos separará del amor de Cristo? ¿La
tribulación?, ¿la angustia?, ¿la persecución?, ¿el
hambre?, ¿la desnudez?, ¿los peligros?, ¿la espa-
da?... En todo esto salimos vencedores gracias a
aquel que nos amó. Pues estoy seguro de que ni
la muerte ni la vida ni los ángeles ni los principa-
dos ni lo presente ni lo futuro ni las potestades
ni la altura ni la profundidad ni otra criatura alguna podrá separarnos del amor de Dios mani-
festado en Cristo Jesus, Señor nuestro." (Rom
8,35-39)

3. La importancia del afecto

Vivir la espiritualidad en clave de amistad está
pidiendo recuperar, de alguna manera, la vía
afectiva impulsada sobre todo a partir de san
Bernardo, como antídoto contra cierto racio-
nalismo que puede vaciar la experiencia religiosa de su fuerza vital. No es este el momento
de exponer, ni siquiera a grandes rasgos, la

"teología afectiva".[20] Solo señalaré la importancia del afecto en la relación con Dios.

Según san Bernardo, no son el temor ni el interés los que conducen hasta el encuentro con Dios, sino el amor. La razón es clara. El que teme a Dios o el que busca su propio interés no piensa sino en sí mismo, no sale de la esfera de su propio yo. Solo el amor despierta el afecto y arrastra a la comunión afectiva con Dios.

San Bernardo le da gran importancia incluso a la capacidad de **ser atraído** por el amor de Dios. De lo contrario, es constante el riesgo de sentirse atraído por otras realidades parciales o pasajeras. Así le escribe a un monje que ha abandonado el monasterio:

> "O bien tú no has gustado todavía a Cristo y desconoces su sabor y es por falta de experiencia que te falta apetito, o bien tú has gustado, pero sin experimentar su dulzura, y entonces es que tu paladar está enfermo."[21]

---

[20] Ver CH. A. BERNARD, *Théologie affective*, Ed. du Cerf, París 1984; L. VAN HECKE, *Le désir dans l'experience religieuse. Relecture de saint Bernard*, Ed. du Cerf, París 1990, sobre todo 68-95 y 119-208; AA.VV., *Dieu Amour dans la tradition chrétienne et la pensée contemporaine*, Nouvelle Cité, París 1993, sobre todo 85-180.

[21] "Aut certe nondum gustasti et nescis quid sapit Christus,

Tal vez, lo primero que necesitan hoy no pocos creyentes es abrir su corazón a la amistad con Dios, dejarse atraer por su amor insondable, seguir el camino del afecto, no el del miedo ni el del interés. Hay un miedo a Dios que es triste, inútil, deshumanizador; deforma el verdadero ser de Dios y aleja de su amor. Así mismo, hay una búsqueda interesada de Dios, que reduce la religión a intercambio o negocio. El camino verdadero es muy diferente. Nos lo señala Jesús con esas palabras cargadas de misterio y de promesa:

"Como el Padre me ha amado, así os he amado yo: permaneced en mi amor." (Jn 15,9)

El camino del afecto lleva a un **conocimiento sapiencial** de las cosas de Dios, que no es un saber por inteligencia, sino un saber por pasión de amor. Este conocimiento nace de la experiencia de ser amado y "va más allá y más directamente a Dios que los conocimientos abstractos y los razonamientos teológicos".[22]

---

ideoque non appetis inexpertum, aut, si gustasti et dulce non sapuit, sanum non habes palatum". Citado por L. VAN HECKE, o. c., 267.

[22] S. GUERRA, "Teología y santidad. Nuevas perspectivas de la

Este conocimiento por amor lleva a vivir ese "carisma de simpatía" del que habla O. Clement. El creyente se comunica confiadamente con Dios. Sintoniza plenamente con Él. La amistad se va haciendo cada vez más íntima. Crece esa "ternura del corazón" que, según Hesychius de Batos, es lo más contrario a la *sklero-kardia* o dureza de corazón.[23]

---

teología y misión teológica del Carmelo teresiano-sanjuanista", en S. Ros (ed.), *La recepción de los místicos Teresa de Jesús y Juan de la Cruz*, Universidad Pontificia de Salamanca. Centro Internacional Teresiano-Sanjuanista de Ávila 1997, 656-660.

[23] O. Clement, "La oración de Jesús", en AA. VV., *La oración del corazón*, Desclée de Brouwer, Bilbao 1987, 105-111.

4

La oración
de amistad

El camino concreto para avanzar por la vía afectiva es la oración de amistad, es decir, la oración que se basa en el encuentro personal con Dios vivido como "trato de amistad", según la conocida expresión de santa Teresa:

> "No es otra cosa oración mental, sino tratar de amistad, estando muchas veces tratando a solas con quien sabemos no ama."[24]

1. El encuentro con Cristo amigo

La oración cristiana no es, en el fondo, sino "trato de amistad" con Cristo. Encuentro amistoso, entrañable y tierno con Jesucristo, esa persona querida a la que se busca conocer y

---

[24] Sobre la oración de amistad, sigo de cerca el excelente estudio de M. HERRÁIZ, *La oración, historia de amistad*, Ed. de Espiritualidad, Madrid 1985, sobre todo 41-99 y 101-120.

amar cada vez más y en la que se me ofrece y regala, de forma real y profundamente humana, la amistad de Dios.

Ese encuentro con Cristo amigo nace de la adhesión a un Cristo humano, Hijo de Dios pero que comparte realmente nuestra condición humana y conoce por experiencia nuestra debilidad. Santa Teresa lo subraya de forma variada:

"Veía que, aunque era Dios, que era hombre". Por eso, "no se espanta de las flaquezas de los hombres", "entiende nuestra miserable compostura", "puedo tratar como con amigo." [25]

Desde su propia experiencia, santa Teresa descubre así a ese Cristo con el que ella trata en la oración:

"Es muy buen amigo". Ese Cristo "es compañía" que libera de la soledad y del vacío. Es "amigo verdadero". "Nunca falta". "Es fiel". "¿Qué más queremos de un buen amigo al lado?, que no nos dejará en los trabajos y tribulaciones, como hacen los del mundo". "No os faltará para siempre, os ayudará en todos vuestros trabajos, le tendréis

_____

[25] M. HERRÁIZ, o. c., 110-111.

en todas partes. ¿Pensáis que es poco un tal amigo al lado?"[26]

Nuestra vida cambiaría si aprendiéramos sencillamente a "tratar con Cristo como amigo".

2. La oración, trato de amistad

La oración viene a ser para santa Teresa ese gozo y dilatación interior que se produce en el encuentro con Cristo, amigo entrañable.

"Y así siempre tornaba a mi costumbre de holgarme con el Señor, en especial cuando comulgaba." [27]

En esa oración es el amor el que tiene primacía absoluta.

"No está la cosa en pensar mucho, sino en amar mucho."[28]

La atención está concentrada en el amor que Dios nos tiene en Cristo. Es el elemento esencial que lo configura todo. "Tratar a solas con quien

---

[26] *Ibid.*, 111-113.
[27] *Ibid.*, 103.
[28] *Ibid.*, 57.

sabemos nos ama". Ahí está todo. Sabernos amados con amor seguro, fiel, eterno. Recordar ese amor, disfrutarlo, agradecerlo. Vivir de esa amistad, responder a ese amor.

Para esta oración de amistad no son necesarios grandes conocimientos, no hace falta especial esfuerzo. Solo dejarse amar. Según santa Teresa, se trata de una oración que está al alcance de todos.

"No todos son hábiles para pensar, todos lo son para amar."[29]

3. Rasgos de la oración de amistad

Es necesario recordar algunos rasgos propios de esta oración de amistad, que pueden ser entresacados de los escritos de santa Teresa.[30]

■ Se trata de un encuentro íntimo, recogido, "a solas", con alguien percibido y captado como amigo. "Tratar a solas con quien sabemos nos ama". No se minusvalora con ello

[29] *Ibid.*, 43.
[30] *Ibid.*, 42-50 y 56-61.

la celebración litúrgica ni la oración comunitaria. Pero el trato amistoso con Dios pide silencio, presencia mutua, encuentro recogido con quien sabemos nos ama.

- Este encuentro amistoso conduce al orante hacia su interior. El centro de esta oración está en el corazón. Así se expresa santa Teresa: "Cuando comulgaba... entrábame con él". El encuentro con Cristo amigo se da en lo más íntimo del ser. Ahí se le capta como amigo.

- La oración de amistad consiste fundamentalmente en "estar" con el Amigo. "Estábame allí... con él"; "Estase sola el alma con su Dios". Se trata de un "estar" que une, crea comunión, vivifica, hace crecer el amor. M. Herráiz señala que santa Teresa habla a veces con todo realismo solo de "querer estar". Lo importante es esa actitud interior. "Querer estar en tan buena compañía". "Querer tratar a solas con Dios".

- Para definir esta oración, santa Teresa usa la categoría del "mirar". Esta mirada de amor expresa bien la actitud del orante. Por una parte, mirar a Dios; es decir, caer en la cuenta de su presencia amorosa, volverse hacia él. "No os pido más que le miréis". Por otra, mirar que Dios nos mira, que está vuelto amorosamente hacia nosotros. "Mirándome está".

■ Esta oración de amistad tiene el carácter gozoso de los encuentros amistosos. Para santa Teresa, esta oración es "holgarme con el Señor", disfrutar y gozar con el Señor. Pero, además, el mismo Dios disfruta y goza en este encuentro. "Viene a holgarse conmigo". En esta oración transida de mutuo amor, Dios se comunica al alma "para regalarse con ella y para regalarla".

■ Esta oración de amistad es una experiencia que abre a la vida. Necesita el espacio de la vida entera para expresarse. No se ama a ratos, de manera intermitente. Se ama siempre, de forma permanente: "El verdadero amante en toda parte ama y se acuerda del amado. ¡Recia cosa sería que solo en los rincones se pudiese traer oración!" La vida entera se convierte en el espacio ancho y concreto para vivir la amistad con Dios.

5

Testigos de
la amistad de Dios

La amistad con Dios vivida en el fondo del corazón se irradia, se extiende y da frutos de vida amistosa en medio del mundo.

Como dice L. Boros:

"Esta es quizá la más dura pero también la más dichosa exigencia de nuestra fe: ser testigos de la amistad y bondad de Dios en un mundo tan lleno con frecuencia de odio y por lo mismo tan desgraciado."[31]

1. El amor, señal de los cristianos

El evangelio pone en boca de Jesús dos grandes invitaciones a amar.

■ La primera dice así: "Este es el mandamiento mío: que os améis unos a otros como yo

---

[31] L. BOROS, *El hombre y su Dios*, Paulinas y Verbo Divino, Estella 1972, 122.

os he amado" (Jn 15,12). Cristo aparece aquí como principio o fuente que ha de mover al creyente a vivir amando a los otros como él mismo ha sido amado por Cristo.

■ La segunda invitación dice: "En verdad os digo que cuanto hicisteis a uno de estos hermanos míos más pequeños, a mí me lo hicisteis" (Mt 24,40). Cristo aparece aquí como presente en la persona pequeña y necesitada, invitando al creyente a amar y suscitando en él el amor.

Es necesario entender bien estas dos frases de Jesús para no desfigurarlas.[32] Al explicar el mandato de Jesús, a veces se da a entender como que el creyente es un instrumento o canal a través del cual pasa el amor de Cristo a los hermanos; yo no sería sino el medio del que se sirve Dios para amar a las gentes a través de mí.

Por otra parte, al explicar la segunda frase, se dice a veces que Cristo está místicamente presente en el pobre de tal modo que el amor cristiano al necesitado consiste en amar a Dios

---

[32] A. RIZZI, o. c., 90-95.

en el pobre. Si esto fuera así, el hombre quedaría, en ambos casos, reducido a puro instrumento y su amor se vería anulado por el Amor de Dios que consistiría, en definitiva, en que Dios se ama a sí mismo en el hombre y a través del hombre. Además, esta idea de un Dios que sale de sí mismo para volver de nuevo a él deformaría la realidad de Dios-Agape.

El amor de Cristo está en el creyente, pero no utilizándolo como instrumento. Soy yo el que ama o deja de amar. Yo pongo mi decisión libre. Puedo liberar en mí el amor al otro o puedo cerrarme y hacer fracasar todo. El amor de Cristo está en mí alentando mi capacidad de amar, animando mi libertad, atrayéndome hacia el amor.

Por otra parte, el pobre no es una ocasión o un medio para amar a Dios o a Cristo presente místicamente en él. Yo amo a ese pobre en sí mismo, no para unirme con Dios, sino porque me conmuevo y quiero aliviar su necesidad. Cristo está en el pobre fundamentando su dignidad y, en consecuencia, llamándome a actuar con amor responsable.

Ciertamente, el amor viene de Dios. Ese amor sostiene nuestro ser y alienta nuestra libertad. De Dios proviene también nuestra capacidad de amar. Pero a nosotros se nos llama a liberar el amor que hay en nuestro corazón.[33] Conocemos el amor de Dios, hemos creído en ese amor, experimentamos continuamente su amistad. Lo que se nos pide es vivir de ese amor y despertar en nosotros la capacidad de vivir amando.

"Queridos, amémonos unos a otros, ya que el amor es de Dios, y todo el que ama ha nacido de Dios y conoce a Dios. Quien no ama no ha conocido a Dios, porque Dios es Amor." (1 Jn 4,7)

Este amor que nace en nosotros hacia todo ser humano, esta actitud amistosa hacia toda criatura es lo que nos hace vivir en comunión con Dios, Amigo de la creación entera.

"A Dios nadie le ha visto nunca. Si nos amamos unos a otros, Dios habita en nosotros y su amor queda realizado en nosotros. Esta es la señal de que habitamos en él y él en nosotros, que nos ha hecho participar de su Espíritu." (1 Jn 4,12-13)

---

[33] PH. FERLAY, *Un art de vivre. Douze leçons de théologie spirituelle*, Desclée de Brouwer, París 1995, 69-76.

Por eso precisamente solo el amor y la amistad mutua es la señal de los discípulos de Jesús:

"En esto conocerán todos que sois discípulos míos: en que os tenéis amor entre vosotros." (Jn 13,35)

2. Introducir la amistad de Dios

Nuestro mundo no es un mundo amistoso. No pienso solo en las guerras que enfrentan a los hombres, la violencia que mata, la agresividad que destruye, las injusticias que hunden en la miseria a tantos seres humanos y tantos pueblos, los abusos, las manipulaciones y los malos tratos. Además del odio, la violencia y el mutuo enfrentamiento está la falta de amistad. Son muchas las personas que no conocen una mano amiga. Hombres y mujeres que no tienen sitio en el corazón de nadie. Gentes que sufren la soledad, el aislamiento, la inseguridad. Personas a las que nadie escucha, nadie besa ni acaricia, nadie espera en ninguna parte.

Hay también personas que, habiendo conocido el amor o la amistad, viven ese sufrimiento que H. J. M. Nouwen llama "la ruptura del corazón", que es consecuencia de unas relaciones rotas entre esposos, entre padres e hijos o entre amigos.

> "En el mundo occidental, el sufrimiento que parece ser el más doloroso es el que tiene su origen en la sensación de sentirse rechazado, ignorado, despreciado y dejado a un lado".[34]

Cuando queda insatisfecho ese deseo inmenso de comunicación amistosa que habita al ser humano, la persona sufre, pierde el gozo de vivir y busca de nuevo el calor de alguien con quien sentirse seguro y acompañado.

Es en ese mundo concreto donde se nos invita a poner amistad, a vivir introduciendo amistad. En la vida podremos "hacer" muchas cosas, llevar a cabo proyectos diversos, realizar tareas más o menos importantes, pero nada más grande que "ser amigos". Lo que va llenando nuestra existencia de contenido no es "lo que hacemos", sino "lo que somos". ¿Qué puede haber más grande en la vida que "ser amigos" y ofrecer los dones de la amistad, acogida, paz,

---

[34] H. J. M. NOWEN, o. c., 57-58

bondad, paciencia, confianza, perdón, alegría de vivir, delicadeza, esperanza?

Tal vez, una de las tareas más importantes de la nueva evangelización consista en introducir la amistad y la bendición de Dios en este mundo contemporáneo. Cualquiera no puede ofrecer amistad. Solo quien se experimenta amado es capaz de amar. Por eso, esta puede ser hoy una de las claves de la nueva evangelización: acoger la amistad de Dios, cantarla y celebrarla en nuestras comunidades, para poder anunciarla y comunicarla incluso a los más olvidados y abandonados.

Esta es la gran tarea de quienes se saben amados por Dios: introducir en el mundo la bendición de Dios. "Bendecir" del latín "bene-dicere", significa literalmente "hablar bien", decirle cosas buenas a alguien, decirle, sobre todo, nuestro amor, expresarle nuestra amistad y deseo de bien. Según la doctora F. Dolto, "bendecir es hacer el bien. Es como decir: «Yo quiero para ti el bien. Te profetizo el bien. Pensaré en ti, no pensaré sino en el bien para ti». Eso es lo importante: la certeza de que un ser humano recibe bendición".[35] Se trata, pues, de estar junto a las personas en actitud amistosa, marcar con la benevolencia a quienes pueden estar marcados por el mal, señalar con amor a quienes pueden estar sufriendo la soledad y el abandono.

Y "bendecir en nombre de Dios" es recordar y comunicar con gestos, palabras y actitudes el amor y la amistad de Dios. Devolver a las personas la seguridad de que son amadas por Dios con amor insondable. Recordar a cada uno que está bendecido, a pesar de todo. Poner en esa vida amor gratuito, gracia y benevolencia. Sugerir la amistad de Dios. En definitiva, anunciarle de forma concreta la Buena Noticia de un Dios Amigo y decirle que, haga lo que haga, vayan como vayan las cosas, siempre habrá para él, en el corazón de Dios, gracia, amistad y misericordia.

Ahora bien, si queremos concretar más cómo vivir de forma significativa la amistad de Dios en el mundo contemporáneo, es necesario recor-

---

[35] J. POHIER, "El poder de la bendición sobre la identidad psíquica", entrevista realizada a F. DOLTO, en *Concilium* 198 (marzo 1985) 254.

dar dos grandes áreas: la situación de increencia y la situación de injusticia y exclusión.[36]

3. En medio de la crisis religiosa

Estamos viviendo en las sociedades occidentales una profunda crisis religiosa. El cristianismo no es ya el marco de referencia ni la matriz cultural de nuestro mundo; van cayendo uno tras otro los apoyos externos que sostenían la religión de muchos; la cristiandad va desapareciendo. En el futuro, ya no se podrá ser cristiano por tradición o por presión social. Solo será creyente quien haga la experiencia de Dios.

Por eso, más grave que la crisis de las Iglesias o de las instituciones cristianas es lo que J. B. Metz ha llamado "crisis de Dios" (*Gotteskrise*). Dios va desapareciendo de las conciencias. Su vacío es sustituido por diferentes formas de

---

[36] Puede verse el excelente capítulo de J. MARTÍN VELASCO, "Espiritualidad antigua y nueva: el carmelo teresiano-sanjuanista ante el espíritu del siglo XXI", en S. ROS (ed.), *La recepción de los místicos. Teresa de Jesús y Juan de la Cruz*, Universidad Pontificia de Salamanca. Centro Internacional Teresiano-Sanjuanista de Ávila 1997, 605-625.

idolatría e indiferencia. A muchos, "Dios" no les dice apenas nada. No interesan las grandes cuestiones de la existencia. Crece la insensibilidad religiosa. Poco a poco se extiende entre nosotros "la cultura de la ausencia de Dios".

Las posturas de los cristianos ante este hecho son diversas: hay quienes lo consideran un fenómeno accidental y pasajero; algunos se dedican a condenar a quienes abandonan la Iglesia; otros descalifican con dureza a agnósticos e indiferentes tratando de mostrar lo absurdo de su postura; bastantes se enzarzan en polémicas o tratan de organizar "la reconquista". Pero ¿qué postura adopta quien cree en el amor insondable de Dios y vive la experiencia de su amistad?

Lo primero es sentirnos hermanos y amigos. Seamos creyentes, agnósticos, indiferentes o ateos, todos vivimos sostenidos por el mismo amor infinito de Dios. Pero hay algo más. Cuando uno se deja mirar por ese Dios Amigo y experimenta su amistad, pronto descubre la mediocridad de su respuesta, la pobreza de su fe e, incluso, la dosis de increencia que nos habita a todos. ¿Cómo no voy a entender yo la dificultad que sienten hoy tantos para creer en Dios? ¿Cómo no voy a sentirme emparentado con ellos?

Esta es la experiencia de santa Teresa de Lisieux, resumida así por J. E. Six:

"Cuanto más avanza Teresa en la fe, cuanto más se deja amar por el amor, mejor comprende lo que hay en ella de increencia y, por lo mismo, lo que hay de increencia en el mundo. Y también, más sufre, por lo mismo, las «tinieblas» en las que vive el que no cree, que es amado por Dios, sin saber que lo es".[37]

Por eso, esta es la oración que nace de su corazón:

"Señor, vuestra hija ha comprendido vuestra divina luz. Os pide perdón para sus hermanos... ¿Acaso no puede ella también decir en su nombre, en nombre de sus hermanos: «Tened piedad de nosotros, Señor, porque somos unos pobres pecadores?»"[38]

Solo desde esta comunión profunda es posible luego el diálogo amistoso, la escucha mutua, el compartir los interrogantes que llevamos

---

[37] J. Martín Velasco, art. cit., 618.
[38] Ibid.

todos en el corazón, el mostrar la fe desde la que vive uno, el sugerir el amor de ese Dios Amigo que nos acompaña aun sin saberlo nosotros. Solo desde esa "capacidad de engendrar a Dios en las almas devastadas", de la que habla P. Evdokimov,[39] es posible hoy la evangelización en medio de la increencia contemporánea.

4. Ante la pobreza y exclusión

Junto a la crisis religiosa, no podemos olvidar otro hecho grave: la injusta marginación a que se ven sometidos tantos hombres y mujeres. No se puede vivir la amistad de Dios ignorando la situación de pobreza y sufrimiento de quienes son excluidos de una vida digna: personas, familias, pueblos enteros que viven oprimidos y explotados por los más poderosos. No importa que vivan lejos de nosotros. Son seres humanos queridos infinitamente por Dios.

Esta falta de justicia y de fraternidad entre los pobres impide el reinado de Dios como Padre de todos, y oscurece su amor a toda criatura.

---

[39] Citado por O. CLEMENT, o. c., 111.

"Esta pobreza es la razón por excelencia del ocultamiento de Dios que padecemos, los que sufren la pobreza y, sobre todo, los que con nuestra injusticia se la estamos infligiendo."[40]

Por eso, no se puede introducir en este mundo la amistad de Dios sin luchar a favor de quienes sufren a causa de la injusticia y la enemistad.

Por otra parte, el amor a ese hermano es el criterio más auténtico para verificar nuestra capacidad de amar a Dios:

"Si alguno dice: «Yo amo a Dios» y aborrece a su hermano, es un mentiroso, porque quien no ama a su hermano a quien está viendo, a Dios a quien no ve, no puede amarlo. Y este es el mandamiento que recibimos de él, que quien ama a Dios ame también a su hermano." (1 Jn 4,20-21)

No se puede experimentar el amor de Dios sin reaccionar ante el hecho doloroso de la pobreza. No son compatibles la experiencia de la amistad de Dios y la indiferencia ante los pobres. Quien sabe algo del amor de Dios sufre, reacciona, se compromete al ver cómo los

---

[40] J. Martín Velasco, o. c., 620.

pobres, hijos queridos por Dios, son excluidos y humillados.

Su trato con Dios, revelado en Jesucristo, le lleva a descubrir la verdad que encierra la expresión de Óscar Romero matizando la tan conocida de san Ireneo:

"Gloria Dei vivens pauper."

Índice

Introducción: "A vosotros os llamo amigos" 5

1. La amistad de Jesús 7

   1. El Profeta amigo 7

   La atención a la persona concreta 8

   El afecto emocionado hacia las personas 9

   Amistad como benevolencia 10

   Amistad como compasión 10

   Amistad como entrega 11

   2. Amigo de sus discípulos 12

2. Bajo el signo de la amistad 17

   1. Dios es Amor 18

   2. La respuesta al amor de Dios 22

3. Espiritualidad en clave de amistad . . 25

    1. Sabernos amados 25

    2. La amistad con Cristo 29

    3. La importancia del afecto 31

4. La oración de amistad 35

    1. El encuentro con Cristo amigo 35

    2. La oración, trato de amistad 37

    3. Rasgos de la oración de amistad 38

5. Testigos de la amistad de Dios 41

    1. El amor, señal de los cristianos 41

    2. Introducir la amistad de Dios 45

    3. En medio de la crisis religiosa 49

    4. Ante la pobreza y exclusión 52